# Bonne Année!

### Patrick de BOUTER

Éditions ART ET COMÉDIE
3, rue de Marivaux
75002 PARIS

# Bonne Année!

a été créée le 30 mars 2012
au Théâtre du Collège International de Cannes

## Avec

Tino Aiello, Stéphane Asselie, Magali Astegiano,
Joumana Barakat, Charlène Buscaja, Danièle Calabuig,
Nancy Contreras, Sylvie Cordoliani, Marianne Dissaux,
Fleur Frison-Roche, Framboiz Guenin, Serge Hazan,
Patrick Jeudy, Mélanie Lagache, Lilian Leclerc,
Xavier Leclerc, Christiane Llaurens, Ugo Marchiori,
Jean-Luc Marot, Denis Mastrot, Marc Mastrot,
Mélanie Mastrot, Clément Mathieu, Camille Meunier,
Fred Meunier, Catherine Oudot, Lara Oudot, Estelle Rémy

Mise en scène : Patrick de Bouter
Costumes : les acteurs (pas de costume particulier)
Décors : Patrick de Bouter
Bruitages : Patrick de Bouter
Affiche et visuel : Daniel Borne

# SOMMAIRE

# Bonne année
# Pied dans la porte

M. Piquemole, M. Borduloux

*M. Piquemole sonne à la porte de M. Borduloux. M. Borduloux vient ouvrir, et ne cache pas sa surprise – muette – lorsqu'il découvre M. Piquemole.*

**M. Piquemole.** – Bonne année !

**M. Borduloux.** – Vous !

**M. Piquemole.** – Bonne année, monsieur Borduloux !

**M. Borduloux.** – Comment osez-vous ?

**M. Piquemole.** – C'est le début de l'année, alors je viens vous souhaiter une bonne année.

**M. Borduloux.** – Dois-je vous rappeler, monsieur Piquemole, que nous nous sommes fâchés ? Fâchés à mort.

**M. Piquemole.** – Oui, mais ça, c'était l'année dernière.

**M. Borduloux.** – C'était avant-hier.

**M. Piquemole.** – Avant-hier, c'était l'année dernière. Aujourd'hui, une nouvelle année commence. Une page est tournée. Nous pouvons repartir sur de bonnes bases.

*Un temps.*

**M. BORDULOUX**. – Si je comprends bien, vous êtes venu vous excuser.

**M. PIQUEMOLE**. – Non, je suis venu vous souhaiter une bonne année.

**M. BORDULOUX**. – Vous ne pourrez vous permettre de me souhaiter une bonne année qu'une fois que vous vous serez excusé, pas avant. C'est une condition préalable.

**M. PIQUEMOLE**. – Mais je vous ai déjà souhaité bonne année, alors maintenant, on ne peut pas revenir en arrière pour que je m'excuse avant.

**M. BORDULOUX**. – Mais si, parfaitement. Vous allez voir. Je vais refermer la porte, vous allez sonner à nouveau, et quand j'ouvrirai, au lieu de me prendre de court et de me souhaiter « bonne année », comme ça, tout de go, vous direz : « Monsieur Piquemole, je m'excuse de m'être une fois de plus garé sur votre place de parking, je m'excuse de vous avoir insulté avant-hier… »

**M. PIQUEMOLE**, *rectifiant*. – L'année dernière…

**M. BORDULOUX**. – « … de vous avoir insulté avant-hier l'année dernière, et je m'engage solennellement à ne plus jamais vous piquer votre place. » Ensuite, quand je vous aurai pardonné, et seulement quand je vous aurai pardonné – si je vous pardonne –, vous pourrez dire : bonne année.

**M. PIQUEMOLE**. – Tout ça ?

**M. BORDULOUX**. – Oui, tout ça. Et maintenant, je ferme la porte.

**M. PIQUEMOLE**. – Et si vous n'ouvrez pas ?

**M. BORDULOUX**. – Pardon ?

**M. Piquemole**. – Comme vous saurez que c'est moi qui sonne, vous ne voudrez pas ouvrir, puisque nous serons revenus en arrière et que nous serons fâchés. Fâchés à mort. Et donc je ne pourrai pas vous souhaiter une bonne année.

**M. Borduloux**. – Vous tenez absolument à me souhaiter une bonne année ?

**M. Piquemole**. – Mais oui ! Je vous l'ai dit : une page qui est tournée, les bonnes bases, tout ça.

**M. Borduloux**. – Eh bien, dans ce cas-là, vous savez ce qui vous reste à faire.

*Il essaie de fermer la porte. M. Piquemole met le pied pour l'en empêcher.*

**M. Piquemole**. – Promettez-moi que vous m'ouvrirez !

**M. Borduloux**. – Promettez-moi que vous vous excuserez et que vous ne squatterez plus ma place de parking. Enlevez votre pied de cette porte !

**M. Piquemole**. – Je suis sûr que vous ne voudrez pas m'ouvrir.

**M. Borduloux**. – Pour que je ne puisse pas vous ouvrir, il faut que vous me laissiez fermer. Enlevez votre pied de cette porte !

**M. Piquemole**. – Vous voulez que je vous dise ? Vous êtes rancunier, et c'est très mal de commencer l'année avec ce sentiment dans le cœur.

**M. Borduloux**. – C'est très mal d'avoir fini l'autre année avec votre bagnole sur ma place de parking ! Ceci explique cela, d'autant que ce n'était pas la première fois.

**M. Piquemole**. – La première fois quoi ?

**M. Borduloux.** – Vous le savez très bien : votre bagnole sur ma place !

**M. Piquemole.** – Vous ressassez, je suis désolé, mais vous ressassez, et ça non plus ce n'est pas bon alors qu'il faudrait démarrer l'année avec une page blanche.

**M. Borduloux.** – Je suis assez grand pour savoir comment j'ai envie de démarrer l'année, et s'il y a une chose dont je suis sûr, c'est que sur cette page blanche, je n'ai pas envie de voir votre gueule, pas plus que dans l'encadrement de ma porte, d'ailleurs. Enlevez votre pied !

**M. Piquemole.** – Vous n'ouvrirez pas !

**M. Borduloux.** – Non !

**M. Piquemole.** – Alors je ne vous souhaiterai pas mes vœux.

**M. Borduloux.** – Rien à foutre de vos vœux !

**M. Piquemole,** *criant*. – Bonheur ! Santé ! Succès ! Tout ce que vous désirez ! Bonne année ! Meilleurs vœux ! Année bonne ! Vœux meilleurs !

**M. Borduloux,** *après un petit temps*. – Vous êtes encore plus timbré que ce que je pensais, vous.

**M. Piquemole,** *enlevant son pied de la porte*. – Au fait, je voulais vous dire : votre voiture, sur le parking, derrière…

**M. Borduloux.** – Quoi ?

**M. Piquemole.** – Elle a brûlé cette nuit.

**M. Borduloux.** – Hein ?

**M. Piquemole,** *faussement désolé*. – Vandalisme de la Saint-Sylvestre… Ici aussi.

**M. Borduloux.** – Ah ! mais non !

**M. Piquemole**. – Les autres, autour, toutes cramées elles aussi. Mais la mienne, rien. Rien du tout. Si vous étiez plus gentil avec moi, je vous remercierais d'avoir insisté pour me la faire déplacer.

**M. Borduloux**. – Espèce de… de…

**M. Piquemole**. – C'est pas de chance de commencer l'année avec une telle catastrophe. J'espère que ça n'en annonce pas toute une série.

**M. Borduloux**. – Ma voiture…

**M. Piquemole**. – C'est pour ça que si on vous dit bonne année, vous devriez l'accepter, ça pourrait peut-être aider à inverser la tendance. Bonne année, monsieur Borduloux.

# Bonne année
# Fin du monde

MURIEL, CAMILLE

*Au bureau. Camille est en train de travailler. Muriel arrive.*

**MURIEL**. – Bonne année, Camille.

**CAMILLE**. – Bonne année, Muriel. Sauf que cette année, il faut dire :
« bonne année moins dix jours ».

**MURIEL**. – Ah bon ?

**CAMILLE**. – T'es pas au courant ?

**MURIEL**. – Ben non. C'est quoi c't'histoire ?

**CAMILLE**. – J'peux pas le croire. Tout le monde ne parle que de ça !

**MURIEL**. – Tout le monde parle de quoi ?

**CAMILLE**. – De la fin du monde, le 21 décembre.

**MURIEL**. – La fin du monde ! Tu veux dire… *(Détachant les syllabes.)*… la fin du monde ?

**CAMILLE**. – Tu n'en as jamais entendu parler ?!

**MURIEL**. – Mais non, je t'assure.

**CAMILLE**. – J'hallucine !

**MURIEL**. – Tu me fais marcher.

**CAMILLE**. – J'ai compris : tu veux pas l'admettre, c'est ça ?

**MURIEL**. – Non, pas du tout. C'est juste que…

**CAMILLE**. – Ça sert à rien de faire l'autruche. Le 21 décembre prochain, « game over ».

**MURIEL**. – Hein ?

**CAMILLE**. – « Game over », c'est un terme anglais. Quand le jeu est fini, « game over ».

**MURIEL**. – Ah ! d'accord ! La fin du monde, c'est un jeu.

**CAMILLE**. – Tu le fais exprès ou quoi ? Je te parle de la fin du monde ! L'explosion finale de la planète Terre !

**MURIEL**. – Excuse-moi, mais j'ai un peu de mal.

**CAMILLE**. – Le 21 décembre, la fin du monde. En direct live. À vingt et une heures vingt et une.

**MURIEL**. – À vingt et une heures vingt et une. On sait même l'heure.

**CAMILLE**. – Oui. À la minute près. C'est officiel. Le 21 décembre à vingt et une heures vingt et une.

**MURIEL**. – J'voudrais pas dire, mais ça jette un froid.

**CAMILLE**. – Tu l'as dit. Chez Christiane, ça balisait grave sous les casques.

**MURIEL**. – Christiane, la coiffeuse ?

**CAMILLE**. – Oui, on ne parlait que de ça, tu penses bien. Même que Mme Bernardini envisage d'annuler son voyage aux Seychelles et que Mme Delporte est partie en oubliant de payer. Cela dit, d'après Christiane, elle rate jamais une occasion pour zapper la caisse.

MURIEL. – Et toi, qu'est-ce que tu vas faire ?

CAMILLE. – Tu veux dire pour la fin du monde ? Je sais pas encore. Peut-être une méga teuf avec tous les copains pour remplacer le 31 puisqu'on pourra plus.

MURIEL. – Non, je veux dire d'ici là. Qu'est-ce que tu vas faire d'ici là ?

CAMILLE. – J'y ai pas encore pensé. Pour le moment, tu vois, je fais comme d'habitude. Je viens au boulot. Mais comme j'ai des RTT à récupérer, j'vais les prendre en février pour aller au ski.

MURIEL. – Pour la dernière fois.

CAMILLE. – Hein ?

MURIEL. – Le ski, ce sera la dernière fois.

CAMILLE. – Tu crois qu'il n'y aura pas de neige après ?

MURIEL. – Non ! Mais la fin du monde !

CAMILLE. – C'est pas à Pâques, c'est le 21 décembre. Y a encore de la marge. À Pâques, ce sera encore bon.

MURIEL. – T'es cool, toi. C'est la fin du monde, et toi tu penses à tes vacances au ski.

CAMILLE. – À quoi tu penserais, toi ?

MURIEL. – Ben, je sais pas. Peut-être à des trucs plus graves.

CAMILLE. – Genre ?

MURIEL. – La fin de l'humanité, tout ça.

CAMILLE. – Ouh là ! Prise de tête !

MURIEL. – Excuse-moi, mais la fin du monde, c'est pas rien quand même.

**CAMILLE**. – Ouais, c'est plutôt énorme comme truc.

**MURIEL**. – Moi, ça me fout les jetons.

**CAMILLE**. – Normal, c'est assez exceptionnel comme « event ».

*Un petit temps. Muriel est pensive.*

**MURIEL**. – Et la fin du monde, là, ce sera pour tout le monde ?

**CAMILLE**. – C'est-à-dire ?

**MURIEL**. – Les riches et les pauvres ? Nous, et aussi les chefs qui travaillent au-dessus ?

**CAMILLE**. – Tout le monde ! L'explosion finale, comme je t'ai dit.

**MURIEL**. – Ça rassure pas, mais d'un côté, ça console. Pour une fois, tout le monde logé à la même enseigne. Liberté, égalité, calamité.

**CAMILLE**. – Dis donc, ça t'inspire, toi, la fin du monde.

**MURIEL**. – En fait, je me sens toute chose.

**CAMILLE**. – Allez, viens, je t'offre un café.

**MURIEL**. – C'est pas encore l'heure de la pause. Si Mercier nous surprend à la machine à café alors qu'on devrait être là, il va nous crier dessus.

**CAMILLE**. – On s'en fout de M. Mercier, c'est la fin du monde.

**MURIEL**. – T'as raison. C'est la fin du monde, après tout.

**CAMILLE**. – Liberté, égalité, nique Mercier !

**MURIEL**. – Tu veux que je te dise ? La fin du monde, eh ben y a pas que des mauvais côtés !

*Elles sortent en pouffant.*

# Bonne année
## Mariage

CATHERINE, FRANÇOISE

*Catherine et Françoise sont au téléphone.*

**CATHERINE.** – Bonne année, Françoise !

**FRANÇOISE.** – Oui, toi aussi, Catherine, bonne année !

**CATHERINE.** – Ça n'a pas l'air d'aller.

**FRANÇOISE.** – Ben non, pas trop. Figure-toi que Fanny nous a annoncé qu'elle allait se marier. Et tu sais quoi ? En plein réveillon.

**CATHERINE.** – Ah bon ! Toi aussi !

**FRANÇOISE.** – Comment ça, « toi aussi » ?

**CATHERINE.** – Pendant le réveillon, Benoît nous a dit qu'il voulait tirer les rois.

**FRANÇOISE.** – Excuse-moi, mais je vois pas le rapport.

**CATHERINE.** – Mais si ! Les rois, c'est le 6 janvier, pas le 31 décembre, mais ces gamins ils précipitent tout, ils mélangent tout !

**FRANÇOISE.** – Je ne vois toujours pas le rapport.

**CATHERINE.** – Fanny qui veut se marier pour le réveillon, elle veut tout faire en même temps, elle aussi !

FRANÇOISE. – Tu m'as mal comprise : elle nous a annoncé PENDANT le réveillon qu'elle allait se marier pendant l'année. En juillet.

CATHERINE. – Ah! O.K., d'accord! *(Un temps.)* Mais pas le 14 juillet au moins !

FRANÇOISE. – Non. Enfin, j'en sais rien. C'est férié le 14 juillet, non ?

CATHERINE. – Oui, c'est férié et c'est tant mieux. Comme ça, elle risquera pas de cumuler les deux fêtes le même jour.

FRANÇOISE. – Écoute, Catherine, le problème c'est pas un problème de date, c'est un problème de… de couleur.

CATHERINE. – Un problème de couleur ?

FRANÇOISE. – Oui, elle n'a pas fait que nous annoncer son mariage, elle nous a présenté son futur mari.

CATHERINE. – Vous ne l'aviez jamais rencontré avant ?

FRANÇOISE. – Pas du tout. On pensait qu'elle avait quelques aventures par-ci, par-là, mais pas qu'elle avait une relation depuis plusieurs mois avec ce garçon de couleur.

CATHERINE. – Un garçon de couleur? Ça fait deux fois que tu parles de couleur. Tu veux dire qu'il est black, c'est ça ?

FRANÇOISE. – Oui, il est noir !

CATHERINE. – On ne dit plus « noir », Françoise, on dit « black ».

FRANÇOISE. – Je t'assure qu'il est vraiment noir, Mamadou.

CATHERINE. – Effectivement, Mamadou, ça sonne plutôt noir que black.

FRANÇOISE. – Tu vois !

CATHERINE. – Si c'est le choix de Fanny et qu'ils s'aiment…

FRANÇOISE. – Je te dis qu'il est noir.

CATHERINE. – Attends, tu ne vas pas me dire que tu es raciste ? Si mes souvenirs sont bons, tu as voté Ségolène en 2007, non ?

FRANÇOISE. – Oui, j'ai voté Ségolène, mais Ségolène n'est pas noire, que je sache.

CATHERINE. – Non, bien sûr, mais fraternité, tolérance, tout ça.

FRANÇOISE. – Ça, c'était des mots à la télé, mais si Ségolène elle l'avait vu comme moi, Mamadou, planté devant l'arbre de Noël, avec sa rangée de dents blanches qui reflétaient la guirlande, eh ben, je suis désolée de le dire comme ça, mais il faisait tache.

CATHERINE. – Je ne sais pas si tu t'en rends compte, mais c'est effrayant la façon dont tu présentes les choses.

FRANÇOISE. – Je les présente comme je les ai vécues, et si tu avais été là, tu aurais eu la même réaction que moi.

CATHERINE. – Françoise, je te rappelle que j'ai une bonne algérienne.

FRANÇOISE. – Elle n'est pas noire !

CATHERINE. – Non, mais elle est musulmane et voilée ! En plus, Francis accueille actuellement un jeune stagiaire marocain dans son entreprise.

FRANÇOISE. – Je l'ai déjà vu ! Il n'est pas noir, il est kabyle, avec des yeux bleus, en plus !

CATHERINE. – Et notre Camille est même sortie un temps avec un cousin d'Harlem Désir.

FRANÇOISE. – Les Désir ne sont pas noirs !

CATHERINE. – Non, mais tes pensées le sont !

FRANÇOISE. – Je ne te permets pas !

CATHERINE. – Laisse-moi finir : après le tremblement de terre, nous avons envoyé un chèque de cinquante euros à Haïti, et à Haïti, ils sont de quelle couleur, Françoise ?

FRANÇOISE. – Ils sont noirs, mais ils ne vont pas se marier avec ta Ca…

CATHERINE. – Je suis désolée, Françoise, mais je ne souhaite pas continuer plus longtemps cette conversation.

FRANÇOISE. – Et pourquoi ?

CATHERINE. – Parce qu'il est extrêmement pénible de t'entendre parler comme une personne intolérante !

FRANÇOISE. – Si tu apprenais que le jeune stagiaire marocain de ton mari a une aventure avec lui, tu serais tolérante, toi ?

CATHERINE. – Qu'est-ce que tu dis ?

FRANÇOISE. – Ton mari est un gros pédé et il baise dans son bureau avec un Arabe !

CATHERINE. – Françoise ! Comment peux-tu…

FRANÇOISE. – Mais ne t'inquiète pas. Il est pas noir, seulement gris pâle et avec des yeux bleus. Bonne année, Catherine ! Bonne année ! *(Elle raccroche.)*

# Bonne année fiscale



*Deux potes dans un bar. Le premier homme est déjà accoudé au bar. Le deuxième homme arrive.*

**PREMIER HOMME.** – Bonne année.

**DEUXIÈME HOMME.** – Bonne année.

**PREMIER HOMME.** – Oui, sauf que si ça continue comme ça, on est mal barrés.

**DEUXIÈME HOMME.** – Déjà des emmerdes ?

**PREMIER HOMME.** – Le 3 janvier, huit heures du mat', contrôle-surprise de l'URSSAF.

**DEUXIÈME HOMME.** – Ils font des contrôles-surprises à l'URSSAF ?

**PREMIER HOMME.** – On n'avait pas encore ouvert le bureau qu'ils attendaient devant la porte.

**DEUXIÈME HOMME.** – Eh ben…

**PREMIER HOMME.** – Ouais, comme j'te l'dis.

**DEUXIÈME HOMME.** – Mais bon, à part la surprise de les trouver là, et le problème du temps qu'ils t'ont fait perdre, t'avais rien à craindre.

**Premier homme.** – Tu les connais pas ces mecs-là ! Même quand il n'y a rien à trouver, ils trouvent quelque chose.

**Deuxième homme.** – Et chez toi, là, ils ont trouvé quelque chose ?

**Premier homme.** – Évidemment, puisqu'il n'y avait rien à trouver.

**Deuxième homme.** – Ils t'ont redressé ?

**Premier homme.** – Je sais pas encore. Ils ont emporté des dossiers et ils m'ont dit qu'ils me convoqueraient.

**Deuxième homme.** – Mais dis donc, c'est pire qu'en Russie au temps du KGB ton histoire !

**Premier homme.** – Pire ! Et tu vois, même si t'as rien à te reprocher, ils font en sorte que tu te sentes coupable.

**Deuxième homme.** – Et tu te sens coupable ?

**Premier homme.** – Évidemment, puisque je n'ai rien à me reprocher.

**Deuxième homme.** – Eh ben, dis donc, quel début d'année ! Remarque, moi, c'est pas mieux.

**Premier homme.** – Pas possible ! Contrôle de l'URSSAF toi aussi ?

**Deuxième homme.** – Non… C'est mon gamin.

**Premier homme.** – Francky ?

**Deuxième homme.** – Oui. Tu sais qu'il avait présenté des concours administratifs.

**Premier homme.** – Oui, tu m'en avais parlé.

**Deuxième homme.** – Eh ben, voilà !

**Premier homme.** – Il a été recalé ?

**DEUXIÈME HOMME**. – Non, il a réussi.

**PREMIER HOMME**. – Je comprends pas… Ça, c'est plutôt une bonne nouvelle, non ?

**DEUXIÈME HOMME**. – Pas du tout. Il a été reçu au concours d'inspecteur des impôts.

**PREMIER HOMME**. – Il est… inspecteur des impôts ?

**DEUXIÈME HOMME**. – Oui, c'est trop la honte. C'est pour ça, j'ose pas trop en parler autour de moi.

**PREMIER HOMME**. – Je comprends.

**DEUXIÈME HOMME**, *au bord des larmes*. – J'essaie de cacher mon jeu, de faire bonne figure, de dire « bonne année » avec le sourire. Mais c'est juste une façade, parce que ma femme et moi, on est effondrés. Surtout que… surtout que… tu sais quoi ?

**PREMIER HOMME**. – Quoi ? Qu'est-ce qu'il y a ?

**DEUXIÈME HOMME**. – Son premier contrôle, il l'a fait à la maison !

**PREMIER HOMME**. – Oh ! le salaud ! *(Se reprenant.)* Excuse-moi.

**DEUXIÈME HOMME**. – Non, t'as raison, c'est un salaud. Un interrogatoire en règle : d'où venait l'argent liquide qu'on lui avait donné comme argent de poche ? Où étaient les tickets de caisse des cadeaux qu'on lui avait faits à Noël ? Tout ! Tout ! Il avait tout noté sur un petit carnet ! Depuis trois ans !

**PREMIER HOMME**. – Le petit enfoiré !

**DEUXIÈME HOMME**. – Et tu sais quoi ? Quand il est rentré le soir, il faisait comme si de rien n'était. « Bonsoir, papa. Bonsoir, maman. »

**PREMIER HOMME**. – Vous lui avez dit deux mots, j'espère !

**DEUXIÈME HOMME**. – Ben non, on n'a pas osé. Il nous tient, tu comprends ?

**Premier homme**. – Mais vous êtes comme moi, vous, vous n'avez rien à vous reprocher.

**Deuxième homme**. – Ben non ! Rien du tout.

**Premier homme**. – Ça va faire mal alors.

**Deuxième homme**. – Oui, très mal.

**Premier homme**. – En plus, vous, c'est pire que moi : c'est dans la famille ! De la délation en famille !

**Deuxième homme**. – Exactement.

**Premier homme**. – On se dit bonne année quand même ?

**Deuxième homme**. – On l'a déjà dit, je crois.

**Premier homme**. – Formule de merde.

**Deuxième homme**. – Famille de merde.

**Premier homme**. – Année de merde !

# Bonne année
# Hypocondrie

SYLVIE, BÉA

*Béa et Sylvie, collègues de travail, arrivent au bureau. C'est la reprise après la semaine de vacances de Noël.*

**SYLVIE.** – Bonne année, Béa.

**BÉA.** – Oui, bonne année, Sylvie. La santé surtout.

**SYLVIE.** – Hein ?

**BÉA.** – Je dis : la santé surtout.

**SYLVIE.** – Tu trouves que j'ai mauvaise mine ?

**BÉA.** – Pas du tout. Pourquoi tu dis ça ?

**SYLVIE.** – Si tu dis « bonne année » et que tu ajoutes « la santé surtout », c'est bien qu'il y a une raison.

**BÉA.** – Euh, non… Tout le monde dit ça, c'est presque automatique : « bonne année, bonne santé ».

**SYLVIE.** – Toi, tu n'as pas dit : « bonne année, bonne santé », tu as dit : « bonne année, la santé surtout ».

**BÉA.** – C'est pareil.

**Sylvie**. – Pas du tout. Le fait que tu aies dit la santé « surtout » prouve que tu as insisté sur ce point.

**Béa**. – Je t'assure que non. J'aurais pu dire tout simplement « bonne année, bonne santé ».

**Sylvie**. – Sauf que tu as dit : « bonne année, la santé surtout ».

**Béa**. – « Bonne année, bonne santé » et « bonne année, la santé surtout », c'est pareil. Les deux formules se valent. On les dit même sans y penser, c'est machinal, ça ne tire pas à conséquence.

**Sylvie**. – Donc tu as dit ça machinalement. Sans y penser.

**Béa**. – Mais oui, absolument.

**Sylvie**. – Donc tu t'en fous.

**Béa**. – Hein ?

**Sylvie**. – Ma santé, tu t'en fous.

**Béa**. – Pas du tout ! Je te souhaite une bonne santé pour toute l'année.

**Sylvie**. – Sans y croire vraiment. Machinalement.

**Béa**. – Absolument pas ! Je te souhaite vraiment une bonne année et une bonne santé pour toute l'année.

**Sylvie**. – Dans mon cas, pas machinalement.

**Béa**. – Non, dans ton cas, pas machinalement. Je viens de te le dire : je te souhaite VRAIMENT une bonne année et une bonne santé.

**Sylvie**. – C'est gentil, merci.

**Béa**, *agacée*. – De rien.

**Sylvie**, *après un petit temps*. – Alors j'ai vraiment si mauvaise mine que ça ?

BéA. – Hein ?

Sylvie. – Comme tu me souhaites vraiment une bonne année et une bonne santé, je te demande si j'ai vraiment si mauvaise mine que ça.

BéA. – Tu as très bonne mine. Tu es resplendissante. Rayonnante, même.

Sylvie. – Là, tu exagères. Je sors d'une gastro. Je suis encore toute barbouillée.

BéA. – Ça se voit pas, je t'assure. Tu as une mine superbe.

Sylvie. – J'ai mis de l'attrape-couillon. Sous le fond de teint, je suis livide.

BéA. – Normal, une gastro, ça fout par terre. Mais après deux jours, c'est fini, plus rien n'y paraît.

Sylvie. – Ça fait quatre jours.

BéA. – Deux ou quatre jours, ça dépend des virus, faut pas s'inquiéter.

Sylvie. – Tu crois que c'est un virus ?

BéA. – Ben oui, je crois… Mais en fait, j'en sais rien.

Sylvie. – Mais si, tu le sais ! Tu viens de dire : « Ça dépend du virus, faut pas s'inquiéter. » Et si c'est un virus, excuse-moi, mais il y a des raisons de s'inquiéter. Un virus, ça ne se prend pas à la légère. Et je trouve assez irresponsable de ta part d'essayer de me faire croire le contraire.

BéA. – Je n'ai pas…

Sylvie. – Parce que, si ça se trouve, c'est peut-être encore plus grave qu'un virus. Une appendicite, une péritonite, par exemple.

**Béa.** – Ou une occlusion intestinale. Encore pire !

**Sylvie.** – Oh ! mon Dieu !

**Béa.** – Ben oui, faut faire gaffe avec ces trucs. On croit que c'est un petit bobo, et finalement c'est un truc super grave. J'ai entendu qu'une péritonite ou une occlusion intestinale, ça peut être fatal.

**Sylvie.** – Fatal ?

**Béa.** – Ben oui, on peut en mourir. *(Sylvie ne dit rien et avale sa salive.)* Qu'est-ce que t'as ? T'es toute pâle tout d'un coup.

**Sylvie.** – Comment tu peux voir ça ? J'ai mis des kilos de fond de teint !

**Béa.** – Je suis désolée, mais ça se voit quand même. T'es toute blanche.

**Sylvie .** – C'est à cause de la gastro, je t'ai expliqué.

**Béa.** – Oui, mais c'est sûr que c'est une gastro ? Qu'est-ce qu'il t'a dit le médecin ?

**Sylvie .** – Ben, il m'a rien dit. Je l'ai pas vu.

**Béa.** – T'as pas vu le médecin ?

**Sylvie .** – Il est en vacances aux Maldives, mon médecin.

**Béa.** – Et pendant qu'il se dore la pilule aux Maldives, toi, tu te tords de douleur !

**Sylvie .** – Je ne me tords pas de douleur, faut pas exagérer.

**Béa.** – Excuse-moi de te le dire, mais je te trouve assez légère sur ce coup-là.

**Sylvie .** – Tu dis ça pour m'inquiéter ou quoi ?

BÉA. – Absolument pas. Et ne va pas prétendre que tu te sens bien, là, parce que je ne te croirais pas.

SYLVIE . – J'ai un peu mal au ventre.

BÉA. – Tu vois ! Tu fais comme tu veux, mais si j'étais toi, j'attendrais plus une minute et j'irais voir un médecin en urgence, parce que dans ce genre de pathologie, chaque minute compte.

SYLVIE. – Je t'ai dit qu'il est en vacances aux Maldives, mon généraliste.

BÉA. – On s'en fout de ton généraliste. C'est un spécialiste qu'il faut aller voir ! Directement !

SYLVIE. – Un spécialiste de quoi ?

BÉA. – J'en sais rien ! C'est toi qu'as mal, c'est toi qui peux le dire !

SYLVIE. – Béa !

BÉA. – Oui ?

SYLVIE. – Je me sens pas bien du tout, là. Tu pourrais m'emmener aux urgences ?

BÉA. – À l'hôpital ?! Moi ?

SYLVIE. – Oui ! Comme ça, si je m'évanouis dans ta voiture, tu pourras leur expliquer pourquoi.

BÉA. – Mais il n'est pas question que tu t'évanouisses dans ma voiture !

SYLVIE. – Tu me laisses tomber !

BÉA. – Ma voiture n'est pas équipée pour transporter une grande malade, c'est tout !

**Sylvie**. – Ça y est ! Tu l'as dit ! Je suis une grande malade !

**Béa**. – Oui ! Une grande malade de la tête !

**Sylvie**. – Comment peux-tu… *(Elle suffoque.)* Au secours ! Je suffoque ! Béa ! Je suffoque ! Fais quelque chose ! Vite ! *(Béa prend son téléphone.)*

**Béa**. – Allô ! Les pompiers !… Oui, bonne année à vous aussi !… Oui, une urgence. Vous connaîtriez pas l'adresse d'un psy qui soit pas en vacances aux Maldives pendant le mois de janvier ?… Bon, alors passez-moi la cellule d'entraide psychologique.

# Bonne année avec une pelle

M. Pirès, M. Vidal

*Une porte palière. M. Pirès, le gardien, sonne. Pas de réponse. Il sonne encore une fois. Arrive M. Vidal qui manifestement a été tiré de son lit. Il ouvre la porte.*

**M. Pirès**, *immédiatement.* – Bonne année, monsieur Vidal !

**M. Vidal**, *après un petit temps de surprise.* – Monsieur Pirès ! Eh bien, dites donc, vous ne perdez pas de temps, vous.

**M. Pirès**. – C'est-à-dire que je me disais que le 1er janvier, c'est le moment ou jamais de se souhaiter la bonne année. Oui, c'est ça que je me disais.

**M. Vidal**. – Oui, absolument, mais vous savez, les vœux on a tout le mois de janvier pour se les envoyer.

**M. Pirès**. – Moi, je les envoie pas, je viens direct, puisque je suis sur place.

**M. Vidal**. – Effectivement, sur place et très matinal. Il est à peine sept heures, monsieur Pirès.

**M. Pirès**. – C'est à cause de l'habitude avec les poubelles, le balayage dans l'entrée, tout ça.

**M. VIDAL**. – Oui, mais aujourd'hui, vous ne travaillez pas. C'est le 1er janvier.

**M. PIRÈS**. – Je suis programmé ! À six heures, je me lève.

**M. VIDAL**. – C'est très courageux à vous et je dois dire que les copropriétaires ne peuvent que se féliciter de vos services. D'ailleurs, puisque c'est le 1er janvier, j'en profite pour le faire officiellement en tant que président du conseil syndical. Je vous félicite pour vos services, monsieur Pirès. *(Il lui prend la main pour la lui serrer. Le calendrier que M. Pirès avait dans la main tombe par terre.)* Oh ! vous avez laissé tomber quelque chose !

**M. PIRÈS**. – C'est le calendrier. *(Il le ramasse, et lui tend le calendrier.)* Voilà, c'est pour vous.

**M. VIDAL**. – Vous avez même fait un petit calendrier ! Vraiment, monsieur Pirès, vous êtes une perle.

**M. PIRÈS**. – Vous avez remarqué, c'est pour cette année, et il y a bien tous les mois, vous pouvez vérifier. Bonne année, monsieur Vidal !

**M. VIDAL**. – Merci, merci infiniment monsieur Pirès, mais j'ai bien peur de ne pas avoir de monnaie.

**M. PIRÈS**. – De la monnaie ?

**M. VIDAL**. – Oui, pour les étrennes. Le calendrier, les étrennes, une petite pièce pour services rendus, c'est la tradition, n'est-ce pas ?

**M. PIRÈS**. – Excusez-moi, ce n'est pas une petite pièce qui m'intéresse.

**M. VIDAL**. – Eh bien, eh bien, monsieur Pirès, êtes-vous en train de me faire comprendre que vous auriez préféré un billet plutôt qu'une pièce ?

**M. PIRÈS**. – Non, c'est pas ça.

**M. Vidal**. – Je ne comprends pas.

**M. Pirès**. – Pour les étrennes, il me suffira d'une bise.

**M. Vidal**. – Une bise, monsieur Pirès ?

**M. Pirès**. – Oui, la bise du Nouvel An. C'est aussi comme qui dirait une tradition ça aussi, non ?

**M. Vidal**. – Certes, mais…

**M. Pirès**. – C'est pas normal qu'un simple gardien demande une bise au président du conseil syndical, c'est ça que vous vous dites ?

**M. Vidal**. – Pas du tout, mais c'est très surprenant, comprenez-vous.

**M. Pirès**. – Alors, vous ne voulez pas.

**M. Vidal**. – Mais si, mais si, pas de souci. Sauf que je ne suis pas rasé.

**M. Pirès**. – Peu importe. C'est le 1ᵉʳ janvier, non ?

**M. Vidal**. – Oui, vous avez raison, c'est le 1ᵉʳ janvier ! C'est la fête !

**M. Pirès**. – Alors, je peux ?

**M. Vidal**. – Mais oui, allons-y pour la bise du Nouvel An ! Bonne année, monsieur Pirès ! *(Il lui tend la joue, mais M. Pirès l'embrasse sur la bouche.)* Eh !

**M. Pirès**. – Qu'est-ce qu'il y a ?

**M. Vidal**. – Ce n'est pas une bise ça… Vous… Vous m'avez roulé une pelle !

**M. Pirès**. – Oui, c'est ça.

**M. Vidal**. – Mais enfin… Mais enfin, si les voisins d'en face regardaient par leur œilleton, qu'iraient-ils penser ?

**M. Pirès**. – Ils ont fait le réveillon, ils dorment tous ! Ils ont même pas encore ouvert leurs volets, alors l'œilleton ça risque pas.

**M. Vidal**. – Oui, mais quand même.

**M. Pirès**. – Et il suffirait de fermer la porte.

**M. Vidal**. – Pardon ?

**M. Pirès**. – Si vous voulez que les voisins ne regardent pas, il suffit de fermer la porte.

**M. Vidal**. – Oui, mais bon, là, c'est fait, c'est bon.

**M. Pirès**. – C'est vrai ? C'est bon ?

**M. Vidal**. – Hein ?

**M. Pirès**. – La pelle, vous avez apprécié alors.

**M. Vidal**. – Ce n'est pas ce que je voulais dire.

**M. Pirès**, *déçu*. – Vous n'avez pas apprécié.

**M. Vidal**. – J'ai été surpris, voilà !

**M. Pirès**. – Pourtant, le balai, la pelle… Vous avez l'habitude de me voir avec tous les matins.

**M. Vidal**. – Pas avec la langue, monsieur Pirès. *(M. Pirès baisse la tête comme un chien battu. Puis M. Vidal, bas, pour éviter que les voisins l'entendent.)* Vous avez essayé avec la langue, monsieur Pirès.

**M. Pirès**, *encore tête baissée*. – J'm'excuse.

**M. Vidal**, *après un petit temps*. – Je n'ai pas dit que je n'ai pas apprécié, j'ai dit que j'ai été surpris.

**M. Pirès**, *reprenant espoir*. – Parce que moi, j'ai bien aimé, c'est ça que je me disais. Et j'aimerais bien recommencer. *(Un temps.)* Le calendrier, vous êtes d'accord pour le garder quand même ?

**M. Vidal**, *vivement*. – Entrez, on va en parler. Et fermez la porte derrière vous !

# Bonne année
# Bonne résolution

La femme d'Antoine, Antoine

*Dans la cuisine. Antoine est déjà attablé avec sa tasse de café au lait, l'air morose. Arrive sa femme.*

**La femme d'Antoine,** *assez pincée.* – Bonne année, Antoine.

**Antoine.** – Ta gueule !

**La femme d'Antoine.** – Hein ?

**Antoine.** – J'ai dit : ta gueule ! Tu dis pas « bonne année », O.K. ?

**La femme d'Antoine.** – C'est le 1ᵉʳ janvier, Antoine, et le 1ᵉʳ janvier, on se dit bonne année !

**Antoine.** – C'est des couillonnades, alors tu fermes ta gueule.

**La femme d'Antoine.** – Antoine, permets-moi de te faire remarquer que dès les premières heures de la nouvelle année, tu es particulièrement désagréable.

**Antoine.** – Rien à foutre des premières heures de l'année. Les premières heures de la nouvelle année, ça va être comme les dernières heures de l'année dernière, O.K. ?

**La femme d'Antoine.** – Je ne voulais pas en parler tout de suite pour ne pas gâcher mes vœux…

**ANTOINE**, *murmurant*. – Rien à foutre de tes vœux…

**LA FEMME D'ANTOINE**. – … et repartir d'un bon pied pour la nouvelle année…

**ANTOINE**, *murmurant*. – Rien à foutre de ta nouvelle année…

**LA FEMME D'ANTOINE**. – … mais puisque c'est toi qui en parles en premier, crevons tout de suite l'abcès. Tu as été odieux hier soir, et je ne sais comment je vais pouvoir me faire pardonner par Marie-Ange qui avait mis les petits plats dans les grands pour que son réveillon soit parfait. Elle n'en a rien laissé paraître, mais je suis sûre qu'elle est horriblement mortifiée et vexée.

**ANTOINE**. – Tant mieux, comme ça elle nous réinvitera pas l'année prochaine. Ça évitera qu'on se fasse sauter dessus à minuit pour des vœux dont on n'a rien à battre et par des gens dont on n'a rien à foutre.

**LA FEMME D'ANTOINE**. – Les Donval ne sont pas des gens dont on n'a rien à foutre, ni les Gobinaux, ni les Guivernois, ni les Gontier. Quant aux vœux…

**ANTOINE**. – Rien à battre.

**LA FEMME D'ANTOINE**. – Que tu le veuilles ou non, s'embrasser à minuit et se souhaiter bonne année, c'est un rite, Antoine, un rite social structurant, on l'a même dit à la télé.

**ANTOINE**. – Un-rite-social-structurant-on-l'a-même-dit-à-la-télé…

**LA FEMME D'ANTOINE**. – Parfaitement ! Au même titre que de se souhaiter joyeux Noël.

**ANTOINE**. – Ah oui ? Parce que c'est joyeux, Noël ? C'est joyeux ta mère qui chaque année nous bassine avec son mal de dos et les potins de sa coiffeuse ? C'est joyeux ton père qui nous parle de ses actions en Bourse, de son magasin d'électroménager et de ses employés… *(Imitant.)*… « incapables les employés, incapables » ? C'est joyeux les gosses qui font la gueule parce qu'ils sont jamais contents de leurs cadeaux ? C'est joyeux mes parents qui depuis dix ans se ramènent avec des bonbons « Mon Chéri » et nous commentent leurs dernières analyses d'urine ? C'est joyeux ma sœur qui se prend pour Miss Monde et qui est encore plus pathétique que ton arbre de Noël ? C'est joyeux cette putain de dinde que tu t'entêtes à servir avec des marrons et que t'as jamais su faire cuire correctement ?

**La femme d'Antoine.** – Antoine, comment oses-tu critiquer mon arbre de Noël et ma dinde ?!

**Antoine.** – Non, c'est pas joyeux. Et Pâques non plus, c'est pas joyeux. C'est tellement pas joyeux que les gens se précipitent hors de chez eux pour augmenter le bilan des tués sur la route ! La route, parlons-en ! « Bonne route ! » Elle est jamais « bonne », la route ! À peine t'es dans ta bagnole que t'es bloqué dans les bouchons ! Ça fait rien, on continue à se dire « bon voyage » alors qu'une fois sur deux t'es bloqué dans un aéroport, dans une gare ou dans un train en rase campagne : « Notre TGV est arrêté en pleine voie. Pour votre sécurité, ne tentez pas d'ouvrir les portes. » Non, mais c'est quoi cette manie de souhaiter que tout soit « bon » alors que tout est dégueulasse ?! « Bon appétit », et maintenant « bonne continuation » ou « bonne fin de repas », alors qu'on vient de te servir de la merde et que la suite est à l'avenant. Alors, à partir de maintenant, on ne dit plus « bon » quoi que ce soit, c'est compris ?

**La femme d'Antoine.** – Même pas « bon anniversaire » ou « bonne fête » ?!

**Antoine.** – Plus « bon » quoi que ce soit, c'est clair ?! Cette année, je déstructure ! Je déstructure tous azimuts !

**La femme d'Antoine.** – Je suis désolée de te le dire, Antoine, mais je te trouve extrémiste, et je ne te suivrai pas dans cette fuite en avant. Je n'ai pas envie de me fâcher avec tout le monde sous prétexte que mon mari commence l'année en faisant une crise aiguë de refus des rites social !

**ANTOINE**. – Sociaux ! Au masculin pluriel, social, ça fait « sociaux » même quand c'est structurant et qu'on en parle à la télé.

**LA FEMME D'ANTOINE**. – En plus tu te moques de moi !

**ANTOINE**. – C'est de la grammaire, mais ce rite-là, plus personne ne le respecte aujourd'hui !

**LA FEMME D'ANTOINE**. – Je ne vois pas le rapport.

**ANTOINE**. – Tu as raison, il n'y en a pas. Le sujet, c'est « bonne année », et je te demande d'arrêter de me bourrer le mou en me souhaitant « bonne année » ou bon autre chose !

**LA FEMME D'ANTOINE**. – Si tu veux te mettre en marge, Antoine, libre à toi, mais moi je continuerai à vivre comme quelqu'un de bien élevé. D'ailleurs, je m'en vais de ce pas téléphoner à Marie-Ange pour lui présenter mes excuses pour ton attitude d'hier soir.

**ANTOINE**. – C'est ça, vas-y, va déblatérer sur mon compte et profites-en pour lui dire que cette année je coucherai plus avec elle.

**LA FEMME D'ANTOINE**. – Antoine !

**ANTOINE**. – C'est une résolution. Et en début d'année, il faut prendre de bonnes résolutions, non ?

**LA FEMME D'ANTOINE**. – Antoine, tu… tu…

**ANTOINE**. – Ben quoi ? Ça aussi c'est un rite social. Tu devrais être contente. Tu vois, je suis pas si extrémiste que tu le dis.

# Bonne année Largage

L'AMIE DE NICOLE, NICOLE

*Dans un bar. Nicole est déjà attablée. L'amie de Nicole arrive.*

**L'AMIE DE NICOLE.** – Bonne année, Nicole.

**NICOLE.** – Bonne année… Tu parles !

**L'AMIE DE NICOLE.** – Toi, tu as raté ton réveillon.

**NICOLE.** – Pas fait de réveillon.

**L'AMIE DE NICOLE.** – T'as raison, c'est nul cette histoire de réveillon. Figure-toi que je me suis empoisonnée avec des huîtres. Le 1er janvier, malade comme un chien.

**NICOLE.** – Le 31 décembre, David m'a quittée.

**L'AMIE DE NICOLE.** – Hein ? David ? Euh… David, ton mari ?

**NICOLE.** – Ben oui, David, mon mari.

**L'AMIE DE NICOLE.** – Le 31 décembre.

**NICOLE.** – Oui, il s'est levé, il s'est habillé et il m'a dit : « Adieu Nicole, demain c'est 1er janvier, je change de vie, je pars. »

**L'AMIE DE NICOLE.** – Comme ça, franco ?

NICOLE. – Oui, comme ça, franco.

L'AMIE DE NICOLE. – Et donc t'as pas fait de réveillon.

NICOLE. – On s'en fout du réveillon, il s'est tiré, tu comprends !

L'AMIE DE NICOLE. – Oui, bien sûr. C'est terrible. Excuse-moi, c'est à cause des huîtres, je suis encore un peu barbouillée.

NICOLE. – Toutes ces années de mariage… En une seconde, pfuit ! plus rien.

L'AMIE DE NICOLE. – Sans explication.

NICOLE. – Si, si. Il m'a donné une explication.

L'AMIE DE NICOLE. – Ah bon ?

NICOLE. – Il m'a dit : « Je pars vivre avec une autre. »

L'AMIE DE NICOLE. – Ça alors !

NICOLE. – Elle était là, d'ailleurs. Elle l'attendait sur le palier. Elle a même sonné.

L'AMIE DE NICOLE. – C'est pas possible !

NICOLE. – C'est comme j'te le dis.

L'AMIE DE NICOLE. – Tu… Tu l'as vue ?

NICOLE. – Oui. Elle m'a même parlé.

L'AMIE DE NICOLE. – Elle t'a parlé !

NICOLE. – Oui, elle m'a dit : « Bonne année ! »

L'AMIE DE NICOLE. – Y a plus de respect, plus rien. *(Un temps.)* Ma pauvre…

NICOLE. – Ouais, c'est comme ça la vie.

**L'amie de Nicole**. – J'entends que ça en ce moment : des maris qui larguent leur femme pour aller avec des plus jeunes.

**Nicole**. – Elle est pas plus jeune.

**L'amie de Nicole**. – Hein ?

**Nicole**. – Au moins dix ans de plus que moi.

**L'amie de Nicole**. – Tu dis ça parce que t'es en colère.

**Nicole**. – Non, j't'assure, des rides, tout !

**L'amie de Nicole**. – Sans vouloir te vexer, toi aussi tu as des rides. Pas beaucoup, mais tu en as.

**Nicole**. – Oui, mais moi, c'est des rides d'expression, pas des rides de vieillesse. Elle, elle a dix ans de plus. Au moins !

**L'amie de Nicole**. – Je suis sûre que tu exagères. Le dépit, tout ça. Elle t'a pas dit son âge, après tout.

**Nicole**. – Tu veux la défendre ?! Tu veux défendre la vieille peau avec qui mon mari s'est tiré ?

**L'amie de Nicole**. – Pas du tout ! Mais comme tu précises que c'est une vieille, j'en déduis que si ç'avait été avec une plus jeune, tu aurais été moins furax, c'est tout !

**Nicole**. – Je suis furax !

**L'amie de Nicole**. – Je comprends.

**Nicole**. – Non, tu comprends pas.

**L'amie de Nicole**. – Comme tu veux : je comprends pas.

**Nicole**. – Non, c'est pas comme je veux, tu comprends pas. Tu peux pas comprendre.

**L'amie de Nicole**. – Peut-être qu'elle lui fait des trucs que tu lui faisais pas, ou que tu lui faisais plus.

**Nicole**. – Ça veut dire quoi ça ?

**L'amie de Nicole**. – Rien… J'essaie de comprendre.

**Nicole**. – Tu viens d'admettre que tu comprends pas. Alors essaie pas de dire n'importe quoi sous prétexte de comprendre quand même !

**L'amie de Nicole**. – Tu vas pas te fâcher avec moi aussi sous prétexte que ton mari t'a quittée.

**Nicole**. – Mon mari m'a quittée ! C'est pas rien ! C'est pas un « prétexte ». C'est plus grave que de s'empoisonner avec des huîtres ! Tu verras quand le tien te quittera !

**L'amie de Nicole**. – Qu'est-ce que tu insinues, là ?

**Nicole**. – C'est bien toi qui l'as dit : on entend que ça des maris qui larguent leur femme pour des plus jeunes.

**L'amie de Nicole**. – Mon mari, je sais comment le retenir, moi !

**Nicole**. – Parce que moi, j'ai pas su, peut-être ?!

**L'amie de Nicole**. – Ben non, puisqu'il est parti. Avec une vieille, en plus.

**Nicole**. – Tu dis ça pour m'humilier ?

**L'amie de Nicole**. – Non, je le dis parce que c'est toi qui l'as dit.

**Nicole**. – T'es pas obligée d'insister lourdement.

**L'amie de Nicole**. – Excuse-moi, mais là, j'peux pas rester, j'dois aller faire les soldes.

**Nicole**. – C'est ça, casse-toi ! Et bonne année !

**L'amie de Nicole**. – Bonne année, ma vieille !

# Bonne année
# Horoscope

FLORENCE, CLOTILDE

*Un bureau avec un ordi qui de temps en temps laisse entendre des arrivées d'e-mails. Clotilde est plongée dans la lecture de son magazine. Passe Florence avec des dossiers dans les bras.*

**FLORENCE**. – Bonne année, Clotilde. *(Clotilde ne répond pas.)* Qu'est-ce que t'as ? Tu fais une drôle de tête. Une nouvelle année, une nouvelle page qui s'ouvre !

**CLOTILDE**. – Laisse tomber avec ça, c'est foutu la nouvelle année !

**FLORENCE**. – Pourquoi tu dis ça ?

**CLOTILDE**. – Mon horoscope. Une vraie cata.

**FLORENCE**. – C'est pas possible.

**CLOTILDE**. – Si, absolument. Une cata sur toute la ligne.

**FLORENCE**. – Tant que ça ?

**CLOTILDE**. – Oui. Carton plein, comme dirait François. Tiens, François, justement. Écoute ça… *(Elle lit.)* « Saturne, la planète des restrictions, s'installera en Balance pour deux ans, en opposition au Bélier, ce qui aura tendance à freiner sensiblement les initiatives personnelles. Durant ces quelques mois de présence de Saturne, il faudra faire preuve de patience et de philosophie ! »

**FLORENCE**. – Oui, et alors ?

**CLOTILDE**. – Patience et philosophie, avec François ! Ils le connaissent pas, François ! Il est Bélier, et moi, bien sûr, Balance. On est en plein dedans. Dans l'œil du cyclone. Et si les initiatives personnelles sont freinées, c'est sûr que ça va pas attendre deux ans pour péter.

**FLORENCE**. – Tout ça à cause de Saturne ?

**CLOTILDE**. – Pas seulement. Écoute ça aussi… *(Elle lit à nouveau.)* « Cette année sera marquée par l'arrivée d'Uranus en Bélier et le passage de Jupiter dans ce même signe qui le traversera en six mois seulement. » *(Répétant en levant la tête.)* Six mois seulement ! *(Reprenant la lecture.)* « Le Bélier étant le signe du commencement et des nouveaux départs, nous pourrions assister à des changements radicaux, ce qui pourrait provoquer chez certains signes – Balance, Cancer et bien sûr Bélier – un courant de révolte assez fort. » Il va me faire la vie, François, il va être insupportable. Ça va péter, j'te dis.

**FLORENCE**. – Attends, ils parlent aussi de commencement et de nouveaux départs, non ?

**CLOTILDE**. – Pour les Bélier ! Toujours pour les Bélier ! Cette année c'est bingo pour les Bélier ! Le commencement, le nouveau départ et les changements radicaux, ce sera pour lui, pas pour moi ! Moi, je suis bonne pour Saturne qui s'installe pour deux ans de restrictions. Tu comprends ce que ça veut dire ?

**FLORENCE**. – Tu veux dire que… que…

**CLOTILDE**. – Exactement ! François va prendre n'importe quel prétexte pour me quitter et filer avec une nouvelle greluche, tandis que moi je vais rester en carafe pendant deux ans ! Deux ans sans pouvoir trouver un nouveau mec ! Restrictions à tous les étages, j'te dis !

**FLORENCE**. – Mais non, calme-toi, je suis sûre que ça va pas se passer comme ça.

**CLOTILDE**. – Tu mets en doute mon horoscope ?

**FLORENCE**. – Pas du tout, pas du tout. C'est très sérieux les horoscopes. Je me dis juste que tu interprètes peut-être trop négativement.

**CLOTILDE**. – C'est très clair ! Je vais me friter avec François et il va me planter là pour partir avec une autre ! J'interprète rien du tout ! C'est écrit là ! Noir sur blanc !

*Elle jette le magazine devant Florence.*

**FLORENCE**. – Et t'as vérifié les ascendants ? Parfois, selon les ascendants, ça change tout.

**CLOTILDE**. – François est Bélier ascendant Bélier, autant dire ascendant tête de lard. Et moi Balance ascendant Vierge, autant dire ascendant femme larguée.

**FLORENCE**. – Tu devrais regarder un autre magazine, peut-être que c'est plus favorable ailleurs.

**CLOTILDE**. – Je suis abonnée, O.K. ? Et les planètes elles se placent pas en fonction des magazines ! Elles parlent partout pareil.

*Florence a pris le magazine et lit tout en parlant.*

**FLORENCE**. – Peut-être, mais je trouve qu'ils exagèrent un peu d'écrire ce genre de trucs. Si tu veux mon avis, je trouve même que c'est contre-productif.

**CLOTILDE**. – Contre-productif ?

**FLORENCE**. – Oui, contre-productif.

**CLOTILDE**. – C'est l'horoscope, pas le DRH de la boîte, O.K. ? Tu es limite de mauvaise foi d'essayer de mettre en doute l'horoscope avec ce genre d'argument. « Contre-productif », n'importe quoi. *(Florence ne répond pas. Elle lit. Elle lui montre le magazine.)* Tu vois, c'est très clair.

**FLORENCE.** – Attends, je regarde le mien, là.

**CLOTILDE.** – Pourquoi, t'es quoi, toi ?

**FLORENCE.** – Capricorne.

**CLOTILDE.** – Et ça dit quoi ?

**FLORENCE,** *lisant.* – « L'horoscope pour la nouvelle année sera favorable à nos amis Taureau, Vierge et Capricorne, qui profiteront dès le mois de juin de l'influence bienfaisante de Jupiter et ce, jusqu'à la fin de l'année. Tous les trois ressentiront un véritable vent de nouveauté souffler sur leur vie. La période sera idéale pour se lancer dans de nouvelles aventures, amoureuses ou professionnelles ! »

**CLOTILDE.** – Si je comprends bien, Jupiter passe en Bélier pendant six mois et après, c'est toi qui le récupères.

**FLORENCE.** – Euh… oui, je crois que c'est comme ça que c'est prévu.

**CLOTILDE.** – Alors, écoute-moi bien, Florence : si tu essaies de mettre la main sur François en profitant de la trajectoire de Jupiter, et si, en plus, tu fais du gringue au DRH pour une « nouvelle aventure professionnelle » et passer devant moi, je t'explose la tête !

**FLORENCE.** – Mais enfin, Clotilde, comment peux-tu…

**CLOTILDE,** *reprenant violemment le magazine.* – Je t'aurai prévenue !

**FLORENCE.** – Je n'ai aucunement l'intention de…

**CLOTILDE.** – Et dans ces conditions, je ne vais pas faire l'hypocrite en te souhaitant « bonne année ». C'est la guerre, Florence, tiens-le-toi pour dit.

**FLORENCE**. – Tu ne vas tout de même pas…

**CLOTILDE**. – Tu as bien entendu : l'année de la guerre ! Et méfie-toi, j'ai Saturne dans ma maison ! Ça va péter, Florence, ça va péter très fort, dans tous les sens ! Et maintenant, tu sors de mon bureau !

**FLORENCE**. – Écoute, Clotilde, c'est trop bête ! Tout ça pour un horoscope !

**CLOTILDE**. – Tu sors ! Immédiatement ! *(Florence reprend ses affaires et sort. Clotilde seule, avec un air menaçant.)* La guerre… Saturne. Boum !

# Bonne année sans clopes

Jean-Paul, Stéphane

*Devant la machine à café, Stéphane est avec son verre en carton à la main. Il a l'air nerveux. Arrive Jean-Paul.*

**Jean-Paul**. – Bonne année, Stéphane !

**Stéphane**. – La ferme !

**Jean-Paul**. – Non, mais ça va pas ?!

**Stéphane**. – Non, ça va pas : j'ai les nerfs !

**Jean-Paul**. – Bon, ben quand tu te seras calmé, fais-moi signe. Ciao.

**Stéphane**. – C'est parce que j'ai arrêté de fumer. *(Un temps.)* J'avais promis à ma femme : le 1er janvier, j'arrête de fumer. Et voilà, j'ai arrêté. Pas une seule clope depuis dix jours.

**Jean-Paul**. – On n'est pas censé savoir.

**Stéphane**. – Mon toubib m'avait prévenu : « Au début, vous allez être d'une humeur de chien. »

**Jean-Paul**. – Il aurait pu aussi prévenir ton entourage.

STÉPHANE. – Il le connaît pas mon entourage, c'est complètement con c'que tu dis.

JEAN-PAUL. – Allez, ciao et bonne chance !

STÉPHANE. – Bonne chance ? Pourquoi « bonne chance » ?

JEAN-PAUL. – Parce qu'il va t'en falloir un maximum si tu fais pareil avec tout le monde !

STÉPHANE. – Un peu de compréhension, merde !

JEAN-PAUL. – Répondre « la ferme » quand on te dit « bonne année », c'est pas la meilleure façon de susciter la compréhension.

STÉPHANE. – Les gens n'ont qu'à pas me dire « bonne année », c'est tout.

JEAN-PAUL. – Tu leur expliqueras, sauf qu'en début d'année on aurait plutôt tendance à se souhaiter la bonne année, tu vois.

STÉPHANE. – Oui, ben c'est complètement con cette manie de dire « bonne année », « bonne année », « bonne année », à tout le monde et n'importe qui. Même mon banquier, il m'a dit « bonne année », hier ! Ça l'a pas empêché de me refuser un découvert, cet enfoiré. « Bonne année »… « Va te faire enculer », oui !

JEAN-PAUL. – T'es vraiment énervé, là.

STÉPHANE. – Je te dis que j'ai pas touché une clope depuis dix jours ! T'es bouché ou quoi ?

JEAN-PAUL. – Maintenant tu te calmes, d'accord ?

STÉPHANE, *furieux*. – Je peux pas me calmer ! J'y arrive pas !

JEAN-PAUL. – Fais-toi aider. Y a des trucs pour aider le sevrage. Il t'en a pas parlé ton toubib ?

**Stéphane**. – Ils en ont rien à foutre les toubibs. Ils griffonnent des trucs illisibles sur une ordonnance, ils empochent le fric et ils passent au suivant.

**Jean-Paul**. – Mais il t'a prescrit un truc, quand même ?

**Stéphane**. – T'es sourd ou quoi ? Je t'ai dit que c'était illisible !

**Jean-Paul**. – Illisible pour toi ! Y a bien quelqu'un qui doit pouvoir déchiffrer. Demande à un pharmacien.

**Stéphane**. – Je ne suis pas plus con qu'un pharmacien ! Si j'arrive pas à lire, c'est que personne ne peut lire ! Qu'est-ce que tu es en train d'insinuer, là ?

**Jean-Paul**. – Je ne…

**Stéphane**. – De toute façon, les pharmaciens, c'est la même race que les toubibs. Ils en ont rien à foutre.

**Jean-Paul**. – Et ta femme ?

**Stéphane**. – Quoi ma femme ?

**Jean-Paul**. – Elle tient le choc ?

**Stéphane**. – C'est pas elle qui a arrêté de fumer, c'est moi !

**Jean-Paul**. – Oui, ça j'ai compris, mais je veux dire : elle arrive à te supporter dans l'état où tu es ?

**Stéphane**. – C'est de sa faute. Elle avait qu'à pas me faire promettre.

**Jean-Paul**. – Eh ben dis donc, elle doit pas s'amuser en ce moment.

**Stéphane**. – J'en sais rien, elle est partie habiter chez sa mère.

**Jean-Paul**. – J'la comprends.

**Stéphane**. – Tu la comprends ! Tu la comprends ! C'est moi qu'il faut comprendre, merde !

**Jean-Paul**. – Écoute, mon vieux, t'as fait une promesse à ta femme. Elle s'est tirée chez sa mère, alors personne t'oblige plus à te priver et à faire chier le monde.

**Stéphane**. – Tu voudrais que je recommence à fumer ?

**Jean-Paul**. – J'ai pas dit ça ! J'ai dit que tu arrêtes de faire chier ton monde sous prétexte que t'as promis à ta femme d'arrêter de fumer.

**Stéphane**. – O.K., file-moi une clope.

**Jean-Paul**. – Désolé, mais je fume plus.

**Stéphane**. – Tu fumes plus ?

**Jean-Paul**. – Non, depuis le début de l'année.

**Stéphane**. – Toi aussi !

**Jean-Paul**. – Oui, sauf que moi j'arrive à gérer.

**Stéphane**. – Tu fais comment ?

**Jean-Paul**. – J'ai un patch.

**Stéphane**. – Un patch…

**Jean-Paul**. – Oui, un patch. *(Il épelle.)*

**Stéphane**. – C'est bon, c'est pas la peine de me faire une leçon d'orthographe, je sais ce que c'est qu'un patch et comment ça s'écrit.

**Jean-Paul**. – Excuse-moi, mais comme t'avais l'air…

**Stéphane**. – L'air de quoi ? L'air d'un con ? Dis tout de suite que je suis débile !

**Jean-Paul**. – Tu n'es pas débile. Tu es juste insupportable, et franchement tu m'excèdes !

**Stéphane**. – Je croyais que tu gérais avec ton patch.

**Jean-Paul**. – C'est pas le manque de clopes qui me met les nerfs, c'est toi ! Et contre les excités comme toi, y a qu'un remède : la fuite. Ciao, Stéphane !

*Il sort.*

**Stéphane**. – C'est ça, barre-toi, lâcheur ! *(Il insulte Jean-Paul qui s'en va.)* Égoïste ! Crétin ! Connard ! *(Après un petit temps.)* Non-fumeur ! *(Vers le public.)* Quand je pense que ce mec osait me souhaiter bonne année ! Tous des enfoirés dans cette boîte !

# Bonne année
# Jogging



*Kathy en tenue de jogging. Elle sonne à la porte palière. Arrive Florence en chemise de nuit, ébouriffée. C'est clair qu'elle vient de sortir du lit. Elle entrouvre la porte.*

**KATHY**, *pleine de vivacité.* – Bonne année, Florence !

**FLORENCE**. – Euh… oui… Salut Kathy.

**KATHY**. – Tu n'es pas prête ?

**FLORENCE**. – Il… Il est quelle heure ?

**KATHY**. – C'est l'heure du jogging !

**FLORENCE**. – Hein ?

**KATHY**. – Ne fais pas celle qui a oublié ! Tu as promis !

**FLORENCE**. – Excuse-moi, mais…

**KATHY**. – Non, pas d'excuse ! On a dit qu'on s'y mettrait cette année, on s'y met !

**FLORENCE**. – On avait dit qu'on s'y mettrait… maintenant ?

**KATHY**. – C'est maintenant la nouvelle année !

**FLORENCE**. – Je pensais pas que ce serait… tout de suite.

**KATHY**. – Si on attend, on le fera jamais ! Allez ! Hop, hop ! Habille-toi, on y va !

**FLORENCE**. – Pas si fort ! Tu vas réveiller Serge !

**KATHY**. – C'est pas grave, il se rendormira quand on sera dehors !

**FLORENCE**. – Ça, c'est pas sûr.

**KATHY**. – Eh ben, il se rendormira pas. L'important c'est que nous, on soit en train de courir. Allez ! Pas d'histoires ! Habille-toi !

**FLORENCE**. – Écoute, Kathy, j'suis vraiment crevée, là !

**KATHY**. – Tu te sentiras mieux après !

**FLORENCE**. – Je pourrai pas me sentir mieux après si, avant, je suis déjà crevée.

**KATHY**. – Tu renonces dès le début ! Tu renonces à te sculpter un corps de rêve en prévision de l'été !

**FLORENCE**. – C'est pas ça, mais…

**KATHY**. – Tu renonces à devenir la sylphide du bord de mer, la naïade de la plage des sports. Dès les premières heures de l'année, tu bafoues nos promesses, tu trahis nos rêves !

**FLORENCE**. – Chuuut !

**SERGE**. – Florence, qu'est-ce que tu fais ?

**FLORENCE**. – Ça y est ! Il est réveillé ! *(Vers les coulisses.)* C'est rien, mon chéri, c'est Kathy qui vient me souhaiter la bonne année !

**KATHY**. – Je viens surtout te chercher pour le jogging !

**FLORENCE**, *chuchotant*. – Écoute, Kathy, si je te dis que je suis crevée et que je peux pas venir, c'est parce que je suis vraiment crevée et que je peux vraiment pas venir ! N'insiste pas !

**KATHY**. – Mais c'est quoi le problème ?

**SERGE**. – Florence, arrête de papoter avec Kathy et viens me rejoindre ! J'ai une surprise pour toi !

**FLORENCE**, *chuchotant*. – Voilà, c'est ça le problème.

**KATHY**. – Je comprends pas.

**FLORENCE**. – Pfuuu… Tu sais, les petites pilules bleues dont on avait parlé l'autre jour, eh ben, je les achetées. Et il les a prises hier soir. Avec le champagne ! Double dose ! De pilules et de champagne !

**KATHY**. – Ouh là !

**FLORENCE**. – Oui : ouh là ! Depuis hier soir… il… il m'épuise !

**SERGE**, *en allongeant les syllabes*. – Florence ! Je t'attends ! Viens rejoindre ton gros lapin.

**KATHY**. – Tu veux dire que depuis hier soir… il… il… enfin, il n'arrête pas !

**SERGE**. – Viens souhaiter la bonne année à ton kiki adoré !

**FLORENCE**. – Il venait juste de s'endormir quand tu as sonné. Et maintenant, le voilà réveillé de nouveau. Mais je suis exténuée, moi. Alors, tu comprends que pour le jogging, c'est mort.

**SERGE**. – Florence ! Viens vite ! Viens voir ! Viens caresser ton lapinou !

**FLORENCE**. – J'en peux plus, moi ! J'ai besoin de dormir.

**KATHY**. – Écoute, j'ai une idée. Toi, tu vas te reposer sur le canapé du salon, et moi, je vais m'occuper de lui.

**FLORENCE**. – Tu ferais ça pour moi ?

**KATHY**. – Si ça peut te laisser souffler un moment, oui, bien sûr.

**FLORENCE**. – Et le jogging ?

**KATHY**. – C'est vrai que c'est pas tout à fait le même effort que le jogging, mais ça me fera bouger quand même. Et toi, ça te fera une pause.

**FLORENCE**. – Oh ! t'es trop cool !

**SERGE**. – Florence ! Ton gros lapin est en feu ! Viens éteindre l'incendie ! Vite !

**FLORENCE**. – Tu l'entends ?

**KATHY**. – T'inquiète, je m'en occupe.

**FLORENCE**. – Et pour le jogging, on verra ça plus tard, hein ?

**KATHY**. – Pas de souci. Plus tard. D'abord l'incendie !

**FLORENCE**, *vers les coulisses*. – Éteins la lumière, mon chéri ! Moi aussi j'ai une surprise pour toi ! *(Clin d'œil vers Kathy.)*

**SERGE**, *grognant*. – Rrrrrrrr ! Oh oui… J'éteins la lumière ! On naviguera au touché, j'ai hissé le grand foc, et c'est toi qui tiendras la barre !

**KATHY**. – J'y vais !

**FLORENCE**, *croisant les doigts*. – Bon courage, Kathy, et merci. Et au fait, bonne année.

*Kathy lui répond en levant le pouce et sort.*

**SERGE**. – Aaaaaaaah !

*On entend un petit cri aigu. Florence sourit et dit : « yes ! ».*

# Bonne année la famille

LA MÈRE DE VICTOR, VICTOR

*Victor est attablé dans la cuisine devant son bol. Sa mère arrive, assez apprêtée alors que c'est le matin.*

**LA MÈRE DE VICTOR.** – Bonne année, Victor.

**VICTOR,** *sarcastique.* – Ouais, c'est ça, bonne année.

**LA MÈRE DE VICTOR.** – C'était pas bien ton réveillon ?

**VICTOR.** – Tous des cons.

**LA MÈRE DE VICTOR.** – Je croyais que t'étais avec tes amis.

**VICTOR.** – Des cons.

**LA MÈRE DE VICTOR.** – Mais il n'y avait pas Céline ?

**VICTOR.** – Une conne.

**LA MÈRE DE VICTOR.** – Ah ! d'accord ! Je comprends !

**VICTOR.** – Quoi ? Qu'est-ce que tu comprends ?

**LA MÈRE DE VICTOR.** – Je comprends que ton amie Céline a sans doute eu une conduite un peu déplacée avec un de tes amis et que tu en as pris ombrage.

**VICTOR.** – C'est quoi ce charabia ?

**LA MÈRE DE VICTOR**. – C'est une façon un peu adoucie de dire que Céline est sortie avec un de tes copains pendant le réveillon et que ça ne t'a pas plu.

**VICTOR**. – C'est pas la peine de me dire les choses d'une « façon un peu adoucie », je vais pas m'évanouir, je suis pas une tafiole.

**LA MÈRE DE VICTOR**. – Je n'ai jamais pensé que tu pouvais être une… personne comme tu dis, Victor. Mais je vois bien que tu es contrarié ce matin.

**VICTOR**. – Je suis pas contrarié, j'ai les boules, j'suis vénère, O.K. ?

**LA MÈRE DE VICTOR**. – Tu l'exprimes différemment, avec tes mots à toi, mais c'est pareil.

**VICTOR**. – Non, c'est pas pareil, justement. Et puis arrête de faire celle qui comprend tout. Tu comprends rien.

**LA MÈRE DE VICTOR**. – Sauf que je savais très bien que ça finirait comme ça avec Céline. Ce n'était pas une fille pour toi, je l'ai tout de suite senti.

**VICTOR**. – Quoi ? Qu'est-ce que t'as senti ? T'as rien senti du tout. Moi, je l'ai sentie, je l'ai même reniflée, et même de très près. De plus près que toi en tout cas.

**LA MÈRE DE VICTOR**. – Victor, je t'en prie, pas ce genre de détails scabreux avec ta mère.

**VICTOR**. – Ben, c'est toi qu'as commencé : « Je l'ai sentie. »

**LA MÈRE DE VICTOR**. – Je n'ai pas employé le verbe « sentir » dans le sens physique. Je l'ai employé dans le sens moral.

**VICTOR**. – Et moi dans le sens horizontal.

**LA MÈRE DE VICTOR**. – Eh bien, puisque tu insistes dans ce registre, permets-moi de te dire que tu as eu tort de coucher avec elle.

Victor. – Putain, mais c'est trop relou comme tu m'tèj ce matin !

La mère de Victor. – Il y a des choses qui doivent être dites, et tout particulièrement un 1ᵉʳ janvier.

Victor. – Ah ouais ? Le 1ᵉʳ janvier, c'est leçon de morale maintenant ?

La mère de Victor. – Le 1ᵉʳ janvier, il n'est pas interdit de faire le bilan de ses erreurs, et de prendre des résolutions pour l'année à venir.

Victor. – T'inquiète, pour l'année à venir, je baiserai plus avec Céline.

La mère de Victor. – Il ne s'agit pas de Céline en particulier.

Victor. – Tu voudrais plus que je baise en général ?

La mère de Victor. – Victor ! Cesse de me provoquer en employant ce mot. Tu sais pertinemment qu'il m'insupporte.

Victor. – Dans ce cas-là, cesse de me gonfler, moi, en me branchant avec tes conseils de bonne sœur sur ce que je dois faire ou pas faire avec les nanas !

La mère de Victor. – Tu ne respectes rien, c'est ton problème.

Victor. – Ouais, c'est mon problème.

La mère de Victor. – Sauf que nous vivons sous le même toit, Victor, et que cela suppose…

Victor. – Tu voudrais que je me casse ?

La mère de Victor. – Pardon ?

Victor. – Ouais, ton laïus, là, « nous vivons sous le même toit », c'est un reproche ? C'est pour que je dégage ?

La mère de Victor. – Pas du tout, tu ne m'as pas laissé finir, je voulais simplement te rappeler…

Victor. – Te fatigue pas. Le message est reçu cinq sur cinq. De toute façon, cette année, je me tire d'ici.

La mère de Victor. – Ah oui ? Et tu vas aller où ? Avec quel argent ?

Victor. – Déjà, vous allez me filer deux cent cinquante euros, non ?

La mère de Victor. – Deux cent cinquante euros ?

Victor. – Ouais, l'année dernière papa m'avait lâché deux cents euros pour les étrennes.

La mère de Victor. – Ah bon ? Je ne le savais pas…

Victor. – T'as qu'à lui demander.

La mère de Victor. – Quoi qu'il en soit, deux cents euros, c'est pas deux cent cinquante.

Victor. – Ben, tout augmente, non ? Toi-même, t'arrêtes pas de te plaindre. « C'est fou comme tout augmente. » Moi aussi faut qu'j'augmente, sinon j'suis pas dans le « mood ».

La mère de Victor. – Mon pauvre Victor…

Victor. – Ouais, t'as raison, j'suis pauvre. Parce que Julien, ses parents, ils lui ont lâché cinq cents euros.

La mère de Victor. – Julien, c'est le garçon qui avait organisé le réveillon chez lui, n'est-ce pas ?

Victor. – Ouais.

La mère de Victor. – Je croyais que tes amis étaient tous des cons ?

Victor. – Tous sauf lui. Lui, il était vraiment solidaire. C'était pas un laïus pourri sur les bonnes résolutions du 1ᵉʳ janvier. Il a assuré comme une bête sur ce coup-là. La preuve : il a vomi avec moi dans le jardin.

**La mère de Victor.** – Vous avez…

**Victor.** – Ouais, et il a réussi à leur faire cracher cinq cents à ses fossiles. Bon, alors, deux cent cinquante euros, ça le fait ? Franch', c'est pas cher par rapport à Julien.

**La mère de Victor.** – Il n'en est pas question !

**Victor.** – J'en étais sûr. C'est vraiment trop nul d'habiter avec des radins, et de se dire qu'à cause d'eux je vais devoir rester ici.

**La mère de Victor.** – Victor, est-ce que tu te rends compte de l'énormité de ce que… *(Victor a sorti un paquet de cigarettes de sa poche et allume une cigarette.)* Je t'ai déjà dit cent fois que je ne voulais pas que tu fumes à la maison !

**Victor.** – Quand j'suis vénère, faut qu'je fume pour relâcher la pression, et là, tu vois, tu me mets grave la pression, en plus de Céline cette nuit.

**La mère de Victor.** – Ton degré d'énervement ne change en rien les règles que nous avons fixées l'année dernière.

**Victor.** – Ben cette année, faudra faire des concessions puisque vous m'laissez pas partir. *(Il allume sa cigarette.)*

**La mère de Victor,** *en partant.* – Jean-Paul, viens parler à ton fils ! Moi, j'ai déjà épuisé mon capital patience pour cette année ! Et c'est vrai que tu lui as donné deux cents euros l'année dernière ?!

**Victor,** *seul, se tournant vers le public, avec un air sadique.* – Bonne année, la famille !

# Bonne année Euro Millions

FARIDA, MADAME

*On sonne. Madame ouvre la porte à Farida.*

**FARIDA.** – Bonjour, Madame, et bonne année.

**MADAME.** – Oui, vous aussi, Farida, bonne année. Je sais que pour vous ça ne représente rien dans le calendrier musulman, mais bonne année quand même.

**FARIDA.** – On est comme tout le monde, vous savez, s'il y a une fête, on fait la fête.

**MADAME.** – C'est très bien, Farida, très bien. Ça prouve votre volonté de vous intégrer dans une culture qui n'est pas la vôtre. Et ça tombe bien, parce que vous voyez, pour l'occasion, non seulement je vous ai mis de côté des affaires que je ne peux vraiment plus porter, mais encore je vous ai acheté des chocolats.

**FARIDA.** – Merci Madame, c'est très gentil à vous.

**MADAME.** – Des cerises à la liqueur entourées dans une coque en chocolat noir. Un délice.

**FARIDA.** – Je ne peux accepter, Madame.

**MADAME.** – Je vous en prie, Farida, pas de manières entre nous. Vous faites un peu partie de la famille, vous le savez bien.

**FARIDA.** – Ce n'est pas ça, mais l'alcool…

**MADAME.** – L'alcool?

**FARIDA.** – Oui, des cerises à la liqueur. Il y a de l'alcool.

**MADAME.** – Je ne comprends pas.

**FARIDA.** – Les musulmans ne boivent pas d'alcool, Madame.

**MADAME.** – Mais oui, c'est vrai, vous avez raison, je n'y avais pas pensé. Mais, là, il ne s'agit pas de boire, il s'agit de croquer.

**FARIDA.** – Oui, mais il y a quand même de l'alcool.

**MADAME.** – Eh bien, vous croquez, vous crachez la liqueur et la cerise, et vous mangez le chocolat, ce n'est pas plus difficile que ça.

**FARIDA.** – Je suis désolée, Madame, mais non.

**MADAME.** – Pour quelqu'un qui a fêté la Saint-Sylvestre comme tout le monde, je vous trouve bien stricte tout d'un coup. Deux poids, deux mesures, en quelque sorte.

**FARIDA.** – Pas du tout.

**MADAME.** – Excusez-moi de vous le dire, Farida, mais je trouve votre attitude limite… fondamentaliste, comme on dit à la télé.

**FARIDA.** – Ça n'a rien à voir, Madame.

**MADAME.** – Mais bon, je n'insiste pas. Vous ne les voulez pas, tant pis. Je les offrirai à quelqu'un d'autre de moins… sectaire.

**FARIDA.** – Madame!

**MADAME.** – Bien, assez discuté. Il est temps de se mettre au travail, Farida. On a changé d'année, mais la poussière est revenue avec autant d'insistance que l'année dernière.

**FARIDA.** – Justement, Madame, je voulais vous dire…

**MADAME.** – Quoi donc, Farida ?

**FARIDA.** – Je vais arrêter.

**MADAME.** – Arrêter quoi ?

**FARIDA.** – De travailler.

**MADAME.** – Ne me dites pas que vous êtes encore enceinte, Farida !

**FARIDA.** – Non, c'est mon mari.

**MADAME.** – Votre mari ne peut pas être enceinte, Farida. Qu'est-ce que vous racontez ?

**FARIDA.** – Il a gagné au Loto.

**MADAME.** – Votre mari a gagné au Loto ?

**FARIDA.** – Oui, Madame.

**MADAME.** – Parce qu'il joue au Loto ? C'est donc permis par votre religion le Loto ?

**FARIDA.** – Oui, Madame.

**MADAME.** – On a beau dire, mais il y a des choses qui m'échappent dans votre système.

**FARIDA.** – Pourquoi, Madame ?

**MADAME.** – Pour nous, le jeu est considéré comme un vice, Farida. Mais passons. Votre mari a gagné au Loto, c'est très bien. Je pose seulement une question : est-ce une raison pour arrêter de travailler honnêtement ?

**FARIDA.** – Oui, Madame.

**MADAME.** – Méfiez-vous, Farida. Je ne sais pas combien votre mari a gagné, et j'imagine que, eu égard à ce que vous avez l'habitude de compter, même une petite somme peut vous sembler astronomique…

FARIDA. – Ce n'est pas une petite somme, Madame.

MADAME. – C'est ce que je suis en train de vous expliquer, Farida. Et pour faire court, je me permettrai de vous donner un conseil : ne vous laissez pas aveugler par un gain qui n'aura qu'un temps. Bref, ne quittez pas votre travail.

FARIDA. – C'est impossible, Madame, nous allons repartir au bled.

MADAME. – Mon Dieu ! Votre mari vous oblige à retourner dans votre gourbi ! Mais c'est affreux !

FARIDA. – Dans un premier temps, nous allons voir ses parents pour leur donner une partie de la somme ; ils pourront vivre beaucoup mieux.

MADAME. – C'est ça, tout pour le mari et les siens ! Je ne suis guère surprise, Farida.

FARIDA. – Dans un deuxième temps, on ira s'installer à Marrakech.

MADAME. – Mais c'est très cher Marrakech. Les hôtels y deviennent hors de prix, je veux dire les bons hôtels.

FARIDA. – Justement, on choisira un bon hôtel.

MADAME. – J'ai compris ! Vous allez chercher à vous faire employer dans un grand hôtel ! Finalement, ce n'est pas bête. Pas bête du tout. À la Mamounia, je me suis laissé dire qu'ils sont à la recherche de femmes de ménage.

FARIDA. – Nous allons faire construire une Mamounia 2, Madame.

MADAME. – Que dites-vous ?

FARIDA. – Cinquante millions d'euros, Madame, ça nous permet de faire construire un hôtel cinq étoiles.

MADAME. – Cinquante millions d'euros… un hôtel cinq étoiles…

**Farida**. – C'est l'Euro Millions, Madame.

**Madame**. – L'Euro Millions ! Mais… vous n'êtes pas européens, vous autres !

**Farida**. – Excusez-moi, Madame, mais je dois partir. J'ai rendez-vous chez Dior.

**Madame**. – Dior… Vous voulez dire : Dior ?

**Farida**. – Oui, Madame, j'ai bien dit Dior, pas Leader Price, où vous avez acheté les chocolats. Au revoir, Madame, et bonne année !

# Bonne année
# L'accident

PREMIER HOMME, DEUXIÈME HOMME

*Deux collègues de bureau devant la machine à café.*

**PREMIER HOMME.** – Bonne année !

**DEUXIÈME HOMME.** – Bonne année à toi aussi !

**PREMIER HOMME.** – Alors, ça s'est bien passé ?

**DEUXIÈME HOMME.** – Pas vraiment, non. Je me suis fait arrêter en rentrant du réveillon. Alcootest. J'avais un peu bu avec mes amis, tu vois.

**PREMIER HOMME.** – Normal, c'était le réveillon.

**DEUXIÈME HOMME.** – Ben les flics, eux, ils ont pas trouvé ça normal. Amende et retrait de permis.

**PREMIER HOMME.** – Oh ! la tuile !

**DEUXIÈME HOMME.** – Retrait de permis immédiat et de la bagnole. Immédiat aussi.

**PREMIER HOMME.** – Oh ! la tuile !

**DEUXIÈME HOMME.** – Ben oui, c'est comme ça que ça se passe dans notre pays, tu vois. Le 31 décembre t'as une bagnole, et le 1ᵉʳ janvier t'en as plus.

**Premier homme**. – Et comment t'as fait pour rentrer ?

**Deuxième homme**. – J'ai téléphoné à mon frère. Il est venu me chercher.

**Premier homme**. – T'as eu de la chance qu'il soit dispo.

**Deuxième homme**. – Il l'était pas, il était en train de faire la fête chez ses potes.

**Premier homme**. – Mais il est quand même venu te chercher.

**Deuxième homme**. – Oui, il est venu, mais sur le retour, il roulait vite, ça glissait, on est tombés dans un ravin.

**Premier homme**. – Oh ! la tuile !

**Deuxième homme**. – On était coincés dans la bagnole. Impossible d'en sortir. Deux heures qu'on est restés là-dedans en attendant les pompiers !

**Premier homme**. – Mais vous vous en êtes bien tirés… enfin, t'as l'air bien, là.

**Deuxième homme**. – Moi, ça va. C'est mon frère.

**Premier homme**. – Oh ! la tuile ! Blessé ou… plus ?

**Deuxième homme**. – Non, il a dégueulé sur moi. Putain d'odeur. Il avait trop bu et trop bouffé, tu vois.

**Premier homme**. – Oui, oui, bien sûr…

**Deuxième homme**. – En fait, il était complètement torché. Moi, je dis que quand on a dépassé la limite, faut pas prendre le volant.

**Premier homme**. – Sauf que toi… excuse-moi, mais…

**Deuxième homme**. – Mais quoi ?

**Premier homme**. – C'est quand même pour cette raison qu'on t'a retiré le permis.

**Deuxième homme.** – Moi, c'est pas pareil ! J'ai pas dégueulé !

**Premier homme.** – Oui, oui, bien sûr…

**Deuxième homme.** – C'est à lui qu'on aurait dû le retirer, le permis. Pas à moi. Mais les flics, ils arrêtent jamais ceux qu'il faudrait.

**Premier homme.** – C'est pas très sympa pour ton frère.

**Deuxième homme.** – Je te rappelle qu'il a dégueulé sur moi !

**Premier homme.** – Peut-être, mais si on l'avait arrêté, il aurait pas pu venir te chercher.

**Deuxième homme.** – Et on serait pas tombés dans le ravin !

**Premier homme.** – Mais tu aurais dû rentrer à pied.

**Deuxième homme.** – Pas du tout. J'aurais téléphoné à quelqu'un d'autre et puis c'est tout. *(L'autre opine de la tête sans répondre.)* Au fait, dis donc, sauf erreur ou omission, j'ai pas ton numéro de portable à toi.

**Premier homme.** – Non, pas d'erreur ni d'omission.

**Deuxième homme.** – Tu pourrais me le passer, au cas où ?

**Premier homme.** – Au cas où ?

**Deuxième homme.** – Ben oui : à cause de ces enfoirés de flics, j'ai toujours pas de caisse.

**Premier homme.** – Tu sais que tu sens encore le dégueulis ?

**Deuxième homme.** – Pas du tout !

**Premier homme.** – Si, je t'assure. Et tu sais pourquoi tu sens le dégueulis ? Parce que les mecs comme toi, ça fait gerber. Allez, bonne année, connard !

*Il sort.*

**Deuxième homme.** – Bonne année, Ducon !

# Putain de bonne année

ELLE, LUI

*Ils entrent dans la cuisine. Elle est en robe de soirée, elle tient ses chaussures à la main et elle est assez échevelée. Lui, a sa veste de smoking à la main et il a défait son nœud papillon. Il s'assied après avoir jeté son veston sur le dossier d'une chaise. Elle va vers le réfrigérateur et en sort deux bouteilles de Perrier. Elle lui en passe une. Ils trinquent avec les bouteilles et boivent au goulot.*

ELLE. – Bonne année.

LUI. – Putain oui, bonne année.

ELLE. – Quel réveillon !

LUI. – Putain de réveillon.

ELLE. – La déco.

LUI. – Putain de déco.

ELLE. – Le buffet.

LUI. – Putain de buffet.

ELLE. – L' « open bar ».

LUI. – Putain d' « open bar ».

**Elle**. – L'orchestre.

**Lui**. – Putain d'orchestre.

**Elle**. – L'ambiance.

**Lui**. – Putain d'ambiance.

**Elle**. – Le feu d'artifice à minuit dans le jardin.

**Lui**. – Putain de feu d'artifice à minuit dans le jardin.

**Elle**. – Le spectacle de strip-tease.

**Lui**. – Putain de salopes.

**Elle**, *plutôt amusée*. – La dispute entre Bertrand et Sylvain. Ouh là là !

**Lui**. – Putain de baston.

**Elle**. – Et voilà, maintenant on se retrouve tous les deux, l'un en face de l'autre, avec nos bouteilles de Perrier.

**Lui**. – Putain de déprime.

Imprimé à la demande par Books On Demand GmbH, Bad Hersfeld, Allemagne

4e trimestre 2012
Première édition, dépôt légal : décembre 2012
N° d'édition : 201238
ISBN : 978-2-84422-872-7